LETTRE

À UN

JEUNE CURÉ.

LETTRE

A UN

JEUNE CURÉ.

AVEC

L'EXAMEN critique d'une Dissertation sur l'objet des Pseaumes.

Par l'Auteur de la *Voix du Pasteur*, Curé dans le Diocese de Lisieux.

A ROUEN,

Chez la veuve LAURENT DUMESNIL, rue Neuve S. Lo, vis-à-vis le Prieuré.

___

M. DCC. LXXXVII.

Avec Approbation & Permission.

LETTRE

A UN

JEUNE CURÉ.

QUELLE différence, mon cher Curé, entre la lettre que vous m'avez écrite à votre retour de Paris, & celle que vous m'écriviez il y a quelques mois, pour m'apprendre votre nomination à la cure de ****. Dans celle-ci vous paroissiez enthousiasmé : un revenu considérable, une position charmante, des Paroissiens aisés ; & autour de cette bergerie délicieuse, des voisins aimables, de la société à choisir..... Heureux mortel !

Mais ce sentiment de bonheur n'a pas été de longue durée ; ce n'étoit donc qu'une illusion ! Chaque médaille a son revers, mon bon ami : vous n'avez d'abord vu que des roses ; vous ne voyez maintenant que des épines. Ce ne sont plus que des inquiétudes & des frayeurs qui vont jusqu'au découragement. Je m'en suis douté, quand j'ai appris qu'avant d'entrer dans vos fonctions, vous alliez passer quinze jours au Séminaire de Saint Lazare. Vos frayeurs me réjouissent ; elles sont une marque de vocation. Rassurez-vous : le Bon-Pasteur qui vous appelle dans cette paroisse vous soutiendra ; prenez courage : *confortare & esto vir*.

Mes lumieres ne sont rien, & vous n'avez pas besoin de mes conseils : vous venez de puiser à la source. Ne seroit-ce pas moi plutôt qui devrois vous demander, pour ma misérable lampe, une portion de cette huile précieuse dont vous avez fait provision dans cette maison respectable, où l'esprit de Saint Vincent-

de-Paule, le modele des Prêtres, des Pas-
teurs fur-tout, fe conferve ncore dans toute fa ferveur ? Mais de peur que vous ne
preniez mon filence pour une affectation
de modeftie ; mon âge d'ailleurs & mon
expérience pouvant donner quelque poids
aux avis que vous demandez , je vais
vous dire tout uniment quelle eft ma
façon de penfer fur plufieurs articles. Il
faudroit un volume pour répondre à
tout.

Dès que vous ferez arrivé , tous vos
Paroiffiens voudront vous connoître :
rien de plus naturel ; il y a des rapports
fi néceffaires , fi intimes entre les Ouailles
& le Pafteur ! Annoncez-vous d'abord
de maniere que les premieres impreffions
vous foient favorables. Prévenez tout le
monde par votre douceur & votre affabi-
lité.

Peu de temps après votre arrivée, vifi-
tez vos Paroiffiens ; c'eft une honnêteté
dont vous ne fauriez vous difpenfer vis-
à-vis des plus apparents , & une marque
d'affection que vous devez donner aux

plus pauvres. Allez donc, mon cher Curé,
prendre pour ainſi dire poſſeſſion de ces
miſérables chaumieres , que vous verrez
plus d'une fois arroſées de pleurs : vous
êtes fait pour les eſſuyer , & vous ne
pourrez pas toujours vous empêcher d'y
mêler les vôtres.

Après ce premier coup d'œil jetté ſur
votre troupeau , dreſſez à loiſir un état
des familles qui le compoſent. Ce cata-
logue , avec les notes que vous pourrez y joindre , vous donnera d'abord
une idée générale du local, & il vous rap-
pellera dans l'occaſion certains objets
que l'on perd aiſément de vue , dans
les commencements ſur-tout, & dans une
paroiſſe comme la vôtre , qui comprend
plus de trois cents familles diſperſées
dans un grand nombre de hameaux. Je
vous conſeille d'en faire , autant que
vous le pourrez , la viſite générale une
fois chaque année. La ſeconde ſemaine
d'après Pâques me paroît la plus con-
venable pour cette petite courſe apoſto-
lique. L'expérience vous apprendra com-

bien elle est utile, nécessaire même, au moins les premieres années, si vous avez ce que Saint Paul appelle, *sollicitudo omnium Ecclesiarum.*

Cette sollicitude vous fera descendre dans un détail qui seroit déplacé ici ; mais je ne saurois trop vous exhorter à ne vous mêler des affaires temporelles de vos Paroissiens, de leurs mariages sur-tout, qu'autant que vous y seriez tenu en qualité de Pasteur, pour conserver ou rétablir la paix, en terminant leurs contestations à l'amiable ; & dans ce cas-là même, vous ne sauriez user de trop de réserve, ni d'une trop grande circonspection, crainte de passer pour un homme qui aime à s'introduire dans l'intérieur des familles, & à s'immiscer en des affaires qui ne le regardent point.

Lorsque vos Paroissiens s'adresseront à vous au sujet de quelque différent élevé entr'eux, écoutez-les avec beaucoup de patience ; mais sur-tout gardez-vous de vous laisser prévenir, & ne perdez jamais

de vue la maxime du sage : *priusquàm in-
terroges ne vituperes quemquam.* Qu'ils
n'apperçoivent chez vous aucun signe de
partialité, non plus que d'ennui ou de
mauvaise humeur : ne vous laissez pas re-
buter par la grossiéreté de quelques-uns.
Traitez-les avec tant de douceur ; mar-
quez-leur tant de bonté , qu'en sortant
d'avec vous ils ne puissent être mécontents
que d'eux-mêmes.

Il est des occasions où la patience est
d'une pratique très-difficile : je le sais ;
mais je sais aussi qu'on se repent toujours
d'en avoir manqué. Soyez donc en garde
contre le premier mouvement, sans quoi il
vous poussera toujours plus loin que vous
n'aurez voulu. Joignez à cela un tel désinté-
ressement , que l'on ne puisse pas vous
soupçonner de vouloir autre chose que
le bien, la gloire de Dieu , le salut des
ames : c'est par-là que vous gagnerez la
confiance de vos Paroissiens , & que
vous acquerrez insensiblement cette espece d'autorité qui commande au cœur ,
& qui arrive presque toujours à sa

but , quand elle ne veut rien que de
juste.

Je dis cette espece d'autorité qui
commande au cœur : n'en affectez jamais d'autre , mon cher Curé. Bannissez
tout ce qui pourroit sentir la hauteur
& l'esprit de domination. Imitez les opé-
rations de la Grace , qui ne contraint pas
nos volontés ; mais les attire & les tourne
avec tant de douceur , qu'en faisant ce
que Dieu veut , nous ne faisons cependant que ce que nous voulons nous-mêmes.
Le ton impératif peut avoir son effet pour
le moment ; mais il y a malheureusement
dans le fond du cœur humain , un principe de résistance qui repousse le joug &
s'en délivre aussi-tôt que la main qui l'a
imposé n'a plus la force, on se lasse de
le maintenir.

La voie douce de sa persuasion peut
bien avoir des effets moins prompts ;
mais ils sont plus durables , parce qu'elle
conserve à l'homme la liberté dont il
est naturellement si jaloux. Exhortez donc ,
priez , suppliez ; l'Apôtre Saint Paul le

faisoit bien : celui qui commande , tandis qu'il n'a que la voie d'exhortation , se compromet, & il perd de son autorité à mesure qu'on lui résiste impunément ; au lieu que l'indocilité de ceux qui résistent à ses prieres, fait éclater sa douceur , & ne peut qu'exciter l'indignation des gens de bien contre les esprits revêches. Le bon sens dit tout cela , & l'expérience le confirme : ne cherchez donc pas à vous faire craindre ; si vous êtes aimé , vous serez craint , c'est-à-dire que l'on craindra de vous déplaire. Dieu veut qu'on le craigne ainsi c'est ainsi , mon cher Curé , qu'il faut vous faire craindre , & non autrement.

La premiere fois que vous paroîtrez en chaire , vous serez écouté avec la plus grande attention. Profitez-en pour exciter dans le cœur de vos Ouailles les sentiments sur lesquels , avec le secours de Dieu , vous devez fonder vos espérances. Ne craignez pas d'entrer dans le détail des engagements que vous avez contractés. Exprimez-vous d'une maniere forte &

touchante fur les difpofitions où vous êtes de les remplir, aux dépens même de votre vie; fur le défir fincere que vous avez de plaire à tous, felon Dieu & en Jefus-Chrift; de mériter leur confiance & d'être porté dans leur cœur comme vous les portez dans le vôtre.

Les premiers regards que vous jetterez fur ce troupeau raffemblé pour entendre la voix de fon nouveau Pafteur, vous rappelleront d'abord les réflexions qui vous ont fi vivement affecté pendant votre retraite, & vos entrailles feront émues. Répandez votre cœur devant Dieu, en préfence de ceux à la vue defquels vous le fentirez s'attendrir & fe dilater : *os noftrum patet ad vos, cor noftrum dilatatum eft, dilatamini & vos.*   2. Cor. Chap. 11.

D'après ce que vous me dites fur l'état actuel de votre troupeau, vous devez d'abord, ce me femble, travailler à leur infpirer du goût pour la parole de Dieu, en leur faifant quelques inftructions

A. 6

fuivies fur fa nature & fes effets. Vous infifterez particuliérement fur l'obligation où vous êtes de la faire fans cesse retentir à leurs oreilles. Obligation tellement indifpenfable, que votre falut, ainfi que le leur, dépend de la maniere dont vous vous en acquitterez. Tâchez de leur faire comprendre fur-tout que la parole qu'ils entendent n'eft point la parole des hommes, & que la bouche du Pafteur qui l'annonce n'eft que l'organe de Jefus-Chrift. Déplorez l'aveuglement d'un Chrétien qui ne fouffre qu'avec peine qu'on lui parle de fon Dieu, de fa Religion, de fon falut, une demi-heure tous les huit jours. Etendez-vous, & infiftez avec force fur ce paffage fi connu : *la priere de celui qui détourne l'oreille pour ne pas entendre la loi, eft une priere exécrable.* Ajoutez cette réflexion fi fimple, & qui fe préfente fi naturellement à l'efprit : comment voulez-vous, mes chers Paroiffiens, que Dieu vous écoute quand vous lui parlez dans vos prieres, fi vous ne voulez pas l'écouter quand il vous

Prov. 28. 9.

parle lui - même dans nos inftructions!

Après les avoir ainsi difpofés à écouter
cette divine parole avec l'attention &
le refpect dûs à celui qui parle par votre
bouche ; vous expliquerez de fuite le Symbole , les Sacrements ,. le Décalogue &
l'Oraifon dominicale : & fur le choix des
autres matieres que vous aurez à traiter
en particulier , il faut confulter les befoins de votre troupeau. Mais je dois
vous obferver qu'il y a quatre articles
fur lefquels vous ne fauriez revenir
trop fouvent , ni trop fortement à la
charge.

En premier lieu , le Saint Sacrifice de
la Meffe, qu'un Saint Pere appelle les fu-
nérailles de Jefus-Chrift. La tiédeur , les
irrévérences , les profanations que vous
aurez fous les yeux allumeront votre
zele ; mais qu'il ne vous échappe jamais
un feul mot dont quelqu'un de vos auditeurs puiffe être perfonnellement offen-
fé : vous gagnerez plus à gémir qu'à
invectiver. Voulez-vous infpirer à votre

peuple les sentiments dont vous désirez qu'il soit pénétré pour les choses saintes ; traitez - les vous - même saintement.

Lorsque dans la célébration des Saints Mysteres, dans l'administration des Sacrements , & dans les moindres cérémonies de l'Eglise , vous joindrez à la décence , à la gravité qu'exigent des fonctions aussi respectables , le saint & pieux recueillement d'un Ministre plein de ferveur , vos Paroissiens se mettront peu-à-peu à l'unisson. Votre maniere d'être dans le lieu Saint & dans l'exercice de votre ministere , jointe à vos exhortations , les rendra insensiblement plus modestes, plus recueillis , plus pieux.

Deuxiémement, la sanctification du Dimanche , qui , dans certaines paroisses , n'est presque plus qu'un jour de marché. Les abus en ce genre sont multipliés à un point qui navre le cœur. Les Fêtes patronales ne sont aujourd'hui que des assemblées tumultueuses de marchands , d'ivrognes , de libertins : elles font devenues plus nombreuses, plus scandaleuses par conséquent, depuis que le malheur des temps & le refroidissement de la piété ont pour ainsi dire forcé plusieurs de nos Seigneurs les Evêques à transférer la Fête patronale au Dimanche ; tant il est difficile de prévenir tous les abus, à cause de la résistance que la perversité des hommes oppose toujours aux loix les plus sages.

En troisieme lieu, la fréquentation des Sacrements. Ne faites jamais d'instruction sur quelque matiere que ce puisse être, sans vous rabattre sur ce point important. C'est un sujet qui s'ajuste d'autant plus aisément à tous les autres, que la fréquentation des Sacrements est un remede à tout mal, & la source de tout bien. Dites-leur souvent, ne cessez de leur dire, que tout est là ; lumiere, force, consolations. Tout est-là, & rien hors de-là. Soyez toujours prêt à les entendre. Que jamais ils n'attendent après vous. Présentez-vous au Confessional avant & après l'Office du Dimanche & des Fêtes :

tenez-vous-y à genoux pendant quelque
temps, comme le Miniſtre de celui qui
ne ceſſe d'inviter les pécheurs à la pénitence.

Quatriémement, la priere. L'expérience
vous apprendra que la plupart de vos
Paroiſſiens ne prient que du bout des
levres. En leur expliquant l'Oraiſon dominicale, il vous ſera aiſé de leur faire
comprendre qu'ils penſent, qu'ils parlent,
qu'ils agiſſent d'une maniere diamétra-
lement oppoſée à ce qu'ils paroiſſent demander, ſoit en la récitant, ſoit en récitant les autres prieres qu'ils ſavent par
cœur, ou qu'ils liſent dans leurs Heures.
Apprenez-leur à prier intérieurement
pendant leur travail, dans leurs voyages,
quand ils ſont expoſés au danger d'of-
fenſer Dieu ; exhortez-les à faire ſouvent
des actes d'amour, de confiance, de ré-
ſignation ; & quand ils ſe préſentent au
Tribunal, ne manquez jamais de leur
demander s'ils ont ſuivi là-deſſus le conſeil que vous leur aviez donné. La néceſſité de la priere eſt un point ſur lequel

vous ne sauriez trop insister. Ne craignez pas de répéter souvent les mêmes choses. Ce n'est qu'à force de prier que les pécheurs d'habitude se corrigent. A notre premiere entrevue, j'entrerai avec vous sur cet article dans un détail qui vous surprendra. Ne vous lassez donc jamais d'exhorter vos Ouailles à la priere & à la fréquentation des Sacrements ; il ne faut cependant pas vous attendre à recueillir tout d'un coup le fruit de votre travail : *spinas & tribulos germinabit tibi*. Mais ne vous rebutez point ; ayez patience, priez beaucoup : après les peines viendront les consolations.

Je ne vous parle pas du Catéchisme : vous connoissez trop l'importance de cette fonction, pour vous en décharger tout-à-fait sur autrui, sans une indispensable nécessité. Catéchisez donc vous-même les enfants depuis douze à quatorze ans, & au-dessus ; donnez les autres à à votre Vicaire. Si vous avez un troisieme Prêtre, ou un bon Maître d'é-

cole, vous pourriez lui confier ces der-
niers, & alors vous partageriez les premiers entre votre Vicaire & vous : l'un
feroit chargé des garçons, & l'autre des
filles.

Quant à la forme & au ton de vos
inftructions, je n'ai qu'un mot à vous
dire. Soyez fimple & naturel. Celui qui,
après avoir compofé avec art, débite
fon difcours en déclamateur, avec un
extérieur apprêté, & des manieres étu-
diées, ne fait que décharger fa mémoire. Le Pafteur vivement pénétré des
vérités faintes dont il veut nourrir fon
troupeau, n'écrit & ne parle que de la
plénitude de fon cœur : c'eft fon cœur
qui fe décharge fur le papier, qui s'é-
panche dans le fein de fes Ouailles. La
vérité coule de fa plume & de fa bouche, fans apprêt, fans affectation, comme
fans effort.

Pour écrire & parler ainfi, mon cher
Curé, il faut avoir le cœur plein. Ce
n'eft point par la lecture des Sermonai-
res que le vôtre fe remplira ; mais par

la lecture journaliere & la continuelle méditation des livres saints. Les Prophetes, les livres sapientiaux, les Epîtres de S. Paul, & par-dessus tout l'Evangile, avec le livre de l'Imitation, qui en est le plus beau commentaire, & que j'appellerois volontiers *mel de petra, oleumque de saxo durissimo.* L'Ecriture Sainte est une mine inépuisable, fouillez-y sans cesse : *Tenenti codicem somnus obrepat, & cadentem faciem pagina sancta suscipiat.* Faites-vous ainsi un trésor d'où vous puissiez tirer au besoin *nova & vetera.* Bien entendu que vous apprendrez des Saints Peres la maniere d'interpréter ces divins oracles, & d'en faire de justes applications.

Voulez-vous parler facilement, & attacher vos auditeurs ; ayez du zele. *Factus est (sermo Domini) in corde meo, quasi ignis exostuans claususque in ossibus meis ;* & S. Luc parlant de S. Paul : *incitabatur spiritus ejus in ipso videns idolatriæ deditam civitatem ;* & l'Apôtre lui-même : *filioli mei quos iterum parturio*

S. Fulg.

Jerem. 20.

Act. 17.

Gal. 4.

donec efformetur Christus in vobis. Cupio omnes vos in visceribus Jesu Christi (a). Voilà le zele.

Si vous ne prêchez l'Evangile que pour vous acquitter de la commission respectable dont vous êtes chargé, sans joindre à ce motif un désir ardent du salut des ames, vous pourrez éclairer, mais vous n'enflammerez pas. Vous pourrez convaincre, mais vous ne serez point touchant. Vous n'aurez pas cette expression vive, ce ton pathétique & persuasif que donne la sollicitude, la tendresse pastorale. Aimez donc beaucoup, désirez beaucoup, priez beaucoup; & vous prêcherez en Pasteur, en Apôtre.

Mettez de l'ordre dans vos instructions. Si vous envisagez votre sujet sous le point de vue qui vous frappe davantage; si vous en êtes bien pénétré, les idées viendront naturellement à la suite les unes des autres, & vous les rendrez

____

(1) *Testis enim est Deus quomo cupiam omnes vos. V. Philip. c. 1.*

avec cette heureuse facilité qui fait un des principaux mérites du discours. Vous n'avez pas oublié ce que dit Horace, & rien de plus vrai : *cui lecta potenter erit res , nec facundia deseret hunc , nec lucidus ordo.*

En fait de morale, il n'est pas de sujet ingrat : les Mysteres même ne le font pas , quand on les traite comme il faut. Les Mysteres de Jesus-Christ ne cessent de s'accomplir dans l'Eglise : il y est conçu par la foi , enfanté , nourri par les bonnes œuvres ; incarné , enfanté journellement sur nos Autels. Il meurt , il ressuscite dans l'ame des pécheurs ; il monte au Ciel lorsque les Elus , qui sont ses membres , quittent la terre pour se réunir à leur divin Chef : il envoie continuellement son Saint-Esprit. Vous voyez que l'incarnation , la naissance , la vie , les humiliations , la mort , la résurrection , l'ascension de Jesus-Christ, la descente de l'Esprit-Saint se renouvellent sans cesse , non-seulement dans son Corps mystique , mais dans chacun des membres de ce même Corps. C'eſt-là, ce me ſemble, un des plus beaux points de vue ſous leſquels on puiſſe enviſager les Myſteres de notre foi. Mettez à côté les rêveries, les fables de nos ſoi-diſant Philoſophes : quelle pitié !

Si vous en trouvez dans votre paroiſſe ou dans votre canton, ne diſputez jamais avec eux, à moins qu'ils ne ſoient de bonne foi, & qu'ils ne déſirent véritablement de s'inſtruire ; ce qui eſt rare. Je ne ſais même s'il y en a de tels. Comment raiſonner avec des gens qui n'ont aucune eſpece de principe ; qui ne ſavent ni ce qu'ils ſont, ni d'où ils viennent, ni ce qu'ils doivent devenir ; qui ne ſavent par conſéquent, ni ce qu'ils diſent, ni ce qu'ils veulent? Edifiez-les, priez pour eux ; traitez-les en toute occaſion avec beaucoup de douceur & d'honnêteté, mais tenez-vous-en là : *ne fortè conculint eas pedibus, & converſi dirumpant vos.*

Matth. 7.

Je vous diſois tout-à-l'heure de mettre de l'ordre dans vos diſcours ; mais je ne vois pas la néceſſité d'en étiqueter les différentes parties, pour annoncer la maniere dont vous l'avez diviſé & ſous-diviſé. Ramaſſez-en à la fin toute la ſubſtance en peu de mots & avec force ; mais n'allez pas toujours prévenir les auditeurs de ce vous avez à leur dire : ce qui n'eſt point annoncé frappe davantage.

Ne travaillez vos prônes que pour en rendre le ſtyle ſi naturel, ſi coulant, ſi clair, que tout le monde s'imagine pouvoir en faire autant. Plus un ouvrage eſt fini, moins le travail de l'Auteur paroît ; & ce n'eſt pas-là ce qu'il y a de plus facile. Je me ſouviens encore ici du Poëte Latin : *ut ſibi quivis ſperet idem, ſudet multum fruſtraque laboret auſus idem.* Banniſſez donc les expreſſions enflées, les termes qui pourroient paroître trop recherchés ; mettez-vous à la portée de tout le monde : c'eſt pécher contre le bon ſens, que de parler un langage qui ne ſauroit être entendu de ceux à qui l'on adreſſe la parole.

Ne chargez pas vos discours d'un grand nombre de citations : fondez les textes de l'Ecriture avec les réflexions que vous en tirez. Ne perdez pas votre temps à étaler de l'érudition : le peuple n'y entendroit rien, & aux yeux des connoisseurs, vous n'auriez en cela d'autre mérite que celui d'avoir de la mémoire & des livres.

Gardez-vous par-dessus tout de courir après ce qu'on appelle de l'esprit, & qui n'en est pas toujours à beaucoup près. Ne cherchez à montrer que l'esprit de Dieu. Que toutes vos phrases soient des branches à fruit. Rejettez les fleurs qui ne sortent pas naturellement du fond de votre sujet, & qui n'exhalent pas l'odeur sanctifiante de l'Evangile. Laissez courir après l'esprit ceux qui prêchent pour s'attirer les louanges des hommes. N'ayez en vue que la gloire de votre Maître, & le salut des ames pour lesquelles il s'est tant humilié. Ne craignez pas de le nommer par son nom, *Jesus Christ*. Ce nom là est si doux ! *Jesus Christ*

Chrift ; ce nom là eft, dans une Inftruc-
tion Chrétienne, la plus belle de toutes
les fleurs, comme il eft lui-même le
plus délicieux de tous les fruits.

Les jeunes gens aiment ordinairement le ftyle ampoulé, qu'ils prennent
pour du fublime. Cette enflure eft ridi-
cule, même dans un difcours académi-
que. Dans la bouche d'un Pafteur, d'un
Prédicateur quelconque, elle eft détefta-
ble. Souvenez-vous de ce que je vous
difois il y a quelques années, au fujet
de certains *Sermons* ; qui d'abord vous
parurent fi beaux, d'autres les trouvoient
FORT JOLIS. Bon Dieu ! eft-ce donc
ainfi qu'on prêche Jefus-Chrift, & Jefus-
Chrift crucifié ? Eft-ce donc ainfi qu'on
touche les cœurs & que l'on apprend
aux fideles à vivre avec piété en Jefus-
Chrift ? *Æs fonans, cymbalum Tin-* 1. Cor. 13. 1.
niens.

Je vous confeille enfin de vous ac-
coutumer peu-à-peu à parler, je ne dis
pas fans préparation, mais fans avoir
écrit. Il eft bien gênant de n'avoir de

B

reſſource que dans ſa mémoire & d'être eſclave d'un cahier. Tâchez donc de ſecouer ce joug d'autant plus incommode, qu'il eſt des occaſions où l'on n'a pas le temps d'écrire, ni d'apprendre par cœur. Il en eſt même où il faudroit parler ſur le champ. Il vous en coûtera d'abord ; mais avec le temps, vous contracterez inſenſiblement l'habitude d'inſtruire, d'exhorter en toute rencontre ; & vous me ſaurez bon gré de vous avoir donné ce conſeil.

Ne m'en demandez aucun ſur la maniere d'adminiſtrer le temporel de votre bénéfice. Mon dégoût pour cette beſogne là eſt heureuſement en proportion de ma très-parfaite ineptie. Je dis heureuſement, parce qu'on ne fait ordinairement rien qui vaille, quand on veut ſe mêler de choſes à quoi l'on n'entend rien. Je ne connois pas vos talents à cet égard ; vous ne les connoiſſez vraiſemblablement pas vous=même, puiſque vous ne les avez jamais éprouvés. Peut-être ſerez-vous aſſez adroit pour réuſſir,

sans que les devoirs de votre ministere
en souffrent. Essayez-en donc : mais si
vous vous apperceviez qu'un FAIRE
VALOIR nuise à l'autre, délivrez-vous
bien vîte de ce misérable tracas ; en
sorte que vous puissiez être tout entier
à votre troupeau & à vous-même. Que
si l'autre parti vous semble plus expé-
dient, prenez garde au moins d'oublier
jamais la décence qu'exige votre caractere.

Que l'on ne vous voie donc pas,
sans une absolue nécessité, dans des lieux
où votre présence pourroit n'être pas
toujours respectée ; ni parmi des occupations qui répugnent à l'habit que vous
portez, & sans lequel vous ne devez
jamais paroître en public. Sur-tout ne
fréquentez ni les foires, ni les marchés.
Ce n'est point là notre place, mon
cher Curé. Ne soyons pour rien dans
les plaintes de ceux qui gémissent, ou
dans les propos scandaleux de ceux qui
se raillent, en voyant *les pierres du
Sanctuaire, dispersées dans les places
publiques.* B 2

La retraite que vous venez de faire vous a fait sentir combien il est utile, même nécessaire, de renouveller de temps en temps ce saint exercice, pour ne pas tomber dans le relâchement. Le moyen le plus efficace de le prévenir ce relâchement, est d'avoir sans cesse devant les yeux cette maxime si connue & si vraie : *qui minima spernit paulatim decidet.*

Celui qui tombe tout-à-coup est effrayé de sa chute, & il se releve. Celui qui se laisse aller peu-à-peu & par degrés jusqu'au fond de l'abyme, ne s'apperçoit pas même qu'il y est descendu. Dans les premieres années de son Sacerdoce, il auroit cru commettre une faute grave, s'il s'étoit dispensé un seul jour, sans nécessité, de faire au moins une demi-heure d'Oraison, comme on le lui avoit si fort recommandé au Séminaire. Il a commencé d'abord par y manquer de temps en temps, sous des prétextes frivoles. Ensuite il l'a quelquefois omise par pure négligence ; mais il se le reprochoit. Puis, il y a manqué sans scrupule. Puis enfin il s'en est dégoûté tout-à-fait ; & il a cru pouvoir s'en passer.

Il prioit au moins un quart-d'heure avant & après la Messe , pendant laquelle tout annonçoit chez lui le recueillement & la piété. Mais la préparation & l'action de graces se sont tellement racourcies avec le temps ; qu'elles sont devenues imperceptibles.

Il se reprochoit les moindres fautes & se confessoit très-souvent. A mesure qu'il a moins veillé sur lui-même , sa conscience est devenue moins éclairée , moins délicate par conséquent , & ses confessions sont devenues plus rares.

Il consacroit à l'étude & à la priere , au moins la majeure partie du temps qui lui restoit après avoir rempli ses autres obligations. Il a d'abord négligé ceci , puis cela ; puis autre chose ; enfin tout. Si bien , qu'à l'exception du Bréviaire , de la Messe & des autres fonctions indispensables (qui dès-lors ne peuvent gueres être remplies que par maniere d'acquit) tout son temps s'est

trouvé abforbé, foit par les foins domef-
tiques, foit par les plaifirs de la fociété,
ou par d'autres occupations auffi frivoles. Quelle vie pour un Miniftre des
faints Autels ! pour un Pafteur des ames !
Penfez-vous qu'il apperçoive la hauteur
d'où il eft tombé, ou la profondeur de
l'abyme dans lequel il eft defcendu ? Non:
il fe croit affez bien comme cela ; quoiqu'il ne foit plus ou prefque plus rien de
ce qu'il devroit être.

Que la crainte de tomber dans le relâchement, du relâchement dans la tiédeur, de la tiédeur dans une vie oifive
& crimine le par conféquent, fur-tout
dans un Prêtre, vous tienne donc en
garde contre les moindres négligences,
même dans les chofes qui ne concernent
que l'extérieur; comme, par exemple, l'habit eccléfiaftique, à l'égard duquel on s'é-
loigne fi fort aujourd'hui des anciennes
regles. *L'habit ne fait pas le Moine :* cela
eft vrai ; mais il n'eft pas moins vrai
qu'un *Moine* qui n'aimeroit pas fon habit,
ou qui auroit honte de le porter, n'au-

roît pas l'esprit de son état.

Encore un mot qui m'échappoit. Si jamais il vous prenoit envie d'amasser, sous prétexte *de garder*, comme l'on dit, *une poire pour la soif*, ou pour enrichir votre famille; rejettez avec horreur cette pensée, comme une suggestion du malin esprit & la plus dangereuse de toutes les tentations pour un Prêtre. Je terminerai par-là cette longue Epître, que je ne me serois pas avisé de vous écrire si vous ne l'aviez exigé de mon amitié, ayant moi-même besoin plus que personne des avis que vous m'avez demandés. Adieu, mon cher Curé : je vous embrasse de tout mon cœur, & me recommande à vos prieres.

P. S. Vous trouverez ci-joint l'examen critique de la Dissertation que vous avez lue dans le septieme volume de la Bible pour laquelle vous aviez soufcrit. Vous y verrez à-peu-près le résultat de nos conversations sur cette piece comparée avec les *principes discutés* dont

vous avez depuis enrichi votre bibliotheque. Vous les avez lus, ces *principes* ;
vous les avez parfaitement bien saisis, &
vous en sentez toute la justesse. Eh bien ,
j'exige à mon tour que vous les compa-
riez avec la *Dissertation du même Auteur
sur les Prophetes , pour servir d'introduc-
tion à l'intelligence des Prophéties :* vous
la trouverez au neuvieme tome de votre
Bible , page 296.

Au moins, n'allez pas vous excuser
sur vos occupations : je sais ce que c'est
qu'une cure à la campagne. On n'y est
gueres occupé à l'église du matin au soir ,
qu'aux jours de Dimanches ou de Fêtes.
Que ferez-vous le reste de la semaine ?
La visite des malades , des pauvres , des
affligés : vous avez raison ; & c'est un
devoir indispensable. Mais ces cas-là n'ar-
rivent pas tous les jours. Mais vous pou-
vez y employer la récréation de l'après-
dînée. Mais on étudie chemin faisant.
Mais votre Vicaire vous aidera. Croyez-
moi, mon cher Curé : l'avare compte
les liards. Si vous l'êtes de votre temps ,

vous compterez les minutes, & après tout, quand les jours font courts les nuits font longues. Vous m'enverrez donc, je l'espere & je vous en prie, les obfervations que je vous demande. Vous me difiez un jour qu'il eft tout-à-fait défagréable de ne point entendre, de ne favoir pas même lire le texte original, cité quelquefois dans les Interpretes. Vous entendez affez le Grec pour confronter la Vulgate avec la verfion des Septante ; apprenez la langue fainte, pour être à même de confronter la verfion des Septante avec le texte Hébreu imprimé. Priez le *Révérend Pere Sixte de Vefoul* de vous envoyer la Grammaire dont ils fe fervent, qui eft celle de M. Ladvocat, avec le Dictionnaire de *Dom Guarin*, ou au moins le petit Dictionnaire de Buxtorf.

L'étude des Livres Saints a cet avantage fur les autres qu'en éclairant l'efprit elle nourrit le cœur. Elle infpire la piété : elle eft attrayante, elle attache. Plus on avance, plus les journées paroiffent courtes ; c'est un des moyens les plus efficaces pour conserver & fortifier dans un Ecclésiastique l'esprit de son état. Voilà pourquoi notre digne Prélat vient d'ordonner que dorénavant il y ait dans son Séminaire une demi-heure chaque jour consacrée à l'explication de l'Ecriture-Sainte. Il faudroit bien l'heure entiere ; mais, sans doute, il n'a pas été possible de faire mieux.

Scriptura sacra altitudine sua superbos irridet ; profunditate attentos tenet, veritate magnos pascit, affabilitate parvulos nutrit.

S. Aug. lib. 50. de Genes. ad litt. c. 12.

EXAMEN

CRITIQUE

D'UNE Dissertation sur l'objet des Pseaumes, insérée dans le septieme volume de la Bible imprimée à Toulouse & à Nîmes en 1779.

Par l'Auteur de la Voix du Pasteur, Curé dans le diocese de Lisieux.

AUX SAVANTS

ET PIEUX AUTEURS

DE LA

SOCIÉTÉ HÉBRAIQUE,

A PARIS.

ES RÉVÉRENDS PERES,

Voici l'Examen critique de la differtation dont j'ai eu l'honneur

38

de vous parler. Je ne m'oppose point à ce qu'il soit imprimé, si vous pensez qu'il en vaille la peine : *quæ sine fictione didici, & sine invidia communico, infinitus enim thesaurus est.* Tout est puisé dans vos principes.

Je vous félicite, mes Révérends Peres, de la gratification que le Clergé de France vous a décernée, pour vous faciliter les moyens de continuer vos Ouvrages. C'en est-là une approbation bien marquée, & bien honorable en même-temps.

Tous les Amateurs de vos excellentes productions attendent avec impatience les Prophéties de Baruch. La differtation que vous m'annoncez doit être bien intéreffante. Je n'ai jamais pu me perfuader que Jephté eût réellement immolé fa fille ; & je lirai les preuves de fa juftification avec autant de plaifir que j'en ai eu à lire celles de la pénitence de Salomon , dans votre préface fur l'Eccléfiafte. Je prie Dieu qu'il continue de bénir un travail dont lui feul peut être la digne récompenfe : *qui elucidant me , vitam æternam habebunt.*

Je fuis toujours avec un attachement inviolable , joint à tous les fentiments de vé-

4°

nération & de respect que vous
méritez à tant de titres ,

Mes Révérends Peres ,

Votre très-humble & très-
obéissant serviteur, R***,
Curé de ****.

EXAMEN
CRITIQUE

D'une Dissertation, sur l'objet des Pseaumes.

LE sentiment de la Société hébraï-
que, sur l'objet des Pseaumes, est ap-
puyé sur des preuves multipliées, &
présentées sous toutes les faces, dans
un ouvrage de 16 volumes *in-12* (*Principes discutés*) que l'on trouve dans
la bibliotheque de tous ceux qui sont
livrés, par goût, à l'étude de la Science
la plus étendue & la plus profonde,
comme la plus sublime. Le savant Auteur auquel nous allons répondre attaque

ces principes dans la Differtation que nous
examinons ici. Avant de commencer ,
je fupplie le Lecteur de lire avec attention les quatre pieces fuivantes. 1° Réponfe au Jugement de M. Ladvocat ,
fur le Pfeautier des Capucins. 2° Appel
du Jugement rendu par M. Ladvocat.
3° Réponfe à un Ecrit intitulé , Examen du Pfeautier des RR. PP. Capucins.
4° Conclufions fur l'appel du Jugement
rendu par M. Ladvocat , entre deux
Pfeautiers.

Ces quatre pieces forment un in-12,
qui fe vend féparément , & qui a pour
titre : Juftification des Principes.

L'immortel Abbé de Villefroi , &
fes dignes Eleves , ont reçu , du Chef de
l'Eglife , plufieurs Brefs où fa Sainteté les
félicite de leur fuccès , & les exhorte à
continuer leurs travaux. La traduction
des Pfeaumes , faite fur le texte Hébreu
par les Capucins , a été univerfellement
applaudie. M. Ladvocat lui-même , un de
leurs plus célebres antagoniftes , chargé
de l'examiner , comme Cenfeur , non-

feulement l'approuve, mais la comble d'éloges. En effet, elle offre dans le texte original une liaifon, une fuite, une harmonie que l'on ne trouve point ailleurs; & dans l'expreffion, non-feulement l'énergie & la jufteffe, mais ce ton de nobleffe & de majefté qui caracté-rife les oracles dictés par le Saint-Efprit. Ajoutez à cela que les Auteurs n'ont trouvé dans le Texte Hébreu qu'un très-petit nombre de fautes, dont ils rendent compte; au lieu que leurs Adverfaires en trouvent dans tous les mots qu'ils n'entendent pas, ou dont la fignifica-tion ne s'ajufte point avec leurs idées. Obfervez encore que les Capucins ont juftifié la verfion de chaque Pfeaume, & les principes qu'ils ont fuivis; principes puifés dans les Peres, les Interpretes & l'Ecriture-Sainte elle-même; principes difcutés, prouvés, établis de maniere à convaincre les efprits les plus difficiles, quand ils voudront fe donner la peine d'examiner le plan tracé par M. l'Abbé de Villefroi, dans les deux volumes de

Lettres à ses Eleves, & développé par
ceux-ci, sous les yeux & sous la direction
d'un homme qui a travaillé avec tant de
succès à dévoiler les obscurités des Prophéties, & à en expliquer les sens relatifs
à l'ancienne & à la nouvelle Alliance.

Après ces notions préliminaires, écoutons le savant & pieux Auteur de la Dissertation, sur l'objet des Pseaumes. J'ou-
vre le septieme volume de sa Bible,
page 320.

*Jusqu'ici, dit-il, le sentiment com-
mun des Peres & des Interpretes étoit,
que la plupart des Pseaumes considérés
dans le premier sens qui regarde la lettre,
ont pour objet David ; & si quelques
Interpretes modernes en ont donné un
assez grand nombre à la captivité de
Babylone, du moins ils en conservoient
encore une partie à David. Une opinion
nouvelle s'éleve & prétend, &c.*

Le sentiment commun des Peres,
étoit que la plupart des Pseaumes considérés dans le premier sens que présente
la lettre, avoit pour objet David.

La plupart, & pourquoi pas autant que les Interpretes qui sont venus après eux ? Et pourquoi les Capucins ont-ils encore enchéri sur les Interpretes qui les avoient précédés ? C'est qu'en profitant de leurs lumieres, ils en ont acquis de nouvelles.

Quant à l'autorité des Peres, tout le monde convient que, sauf les vérités de la foi, la regle des mœurs, la doctrine de l'Eglise, il est permis de suivre des opinions différentes des leurs, surtout dans des matieres qu'ils ont rarement approfondies, telles que le sens littéral des Saintes-Ecritures : » ils tour- » noient rarement leur application de ce » côté-là, dit M. Bossuet; ils ne poussoient » gueres à bout le sens littéral, si ce n'est » lorsqu'il s'agissoit d'établir les dogmes » & de convaincre les Hérétiques. Par- » tout ailleurs ils s'abandonnoient au sens » moral, & ils croyoient avoir atteint » le vrai sens, ou pour mieux dire la » vraie intention de l'Ecriture, lorsqu'ils » la tournoient toute entiere à la doc-

Préf. sur l'Apoc.

» trine des mœurs. « Venons au fait.

La question est de savoir si l'objet primitif des Pseaumes, qui ont un double sens, est le saint Roi David, ou bien l'ancien Israël.

Posons d'abord une vérité qui appartient à la foi, & que le pieux Auteur de la Dissertation ne cesse de répéter, d'après Saint Augustin. Le passage de ce Pere est si beau, si lumineux, si propre à notre sujet, que je ne puis m'empêcher de le transcrire ici, quoiqu'il soit familier à tous ceux qui lisent les Pseaumes : *homo ille (Christus) ubique diffusus est, cujus caput sursum est, membra deorsùm. Ejus vocem in omnibus psalmis, vel psallentem, vel gementem, vel lætantem in spe, vel suspirantem in re, notissimam jam & familiarissimam habere debemus tanquam nostram...... fit unus quisque in Christi corpore & loquetur hic.*

Sur le Ps. 42.

Jesus-Christ & son Eglise, le Chef & les Membres, *le Christ entier* : voilà donc, comme le dit très-bien notre

Auteur , l'objet , le grand objet des Pfeaumes. Cela pofé , voici mon raifonne-ment.

L'ancien & le nouvel Ifraël font une feule & même Eglife , dont les Membres appartiennent au même Chef ; ils font un même Corps avec ce Chef divin qui l'a prife pour fon époufe , dit Saint Am-broife , dès le commencement du monde , & même dans le Paradis Terreftre : *fancta Ecclefia in primordiis mundi defponfata in paradifo.* Mettons-nous de-vant les yeux , dit Saint Grégoire-le-Grand , que tout le genre humain , de-puis le commencement du monde juf-qu'à la fin des fiecles , c'eft-à-dire que l'Eglife n'eft qu'une feule époufe : *pona-mus ante oculos omne genus humanum ab exordio ufque ad finem mundi ; totam videlicet ecclefiam unam effe fponfam.* Voyez la belle Differtation fur *l'Eglife d'Ifraël , époufe du Verbe ,* dans le qua-trieme volume des principes difcutés , page 373. L'ancien & le nouvel Ifraël font donc la même Eglife , époufe de Je-fus-Chrift.

Sur le pre-mier ch. des Cantiq.

Sur le premier des Cant. tom. 3 , 2e part. pag. 402.

Or, cette Eglise, toujours inséparable-
ment unie à son Chef, ce Corps, ce
Chrift entier, voilà le grand & unique
objet des Pfeaumes.

Donc tous les Pfeaumes qui ont un
double fens littéral, appartiennent, dans
le fens primitif, non à David, mais à
l'ancien Ifraël, qui eft l'Eglife, confidérée
avant l'Incarnation ; comme ils appartiennent, dans le fecond fens, au nouvel
Ifraël, qui eft la même Eglife, confidérée
après l'Incarnation.

En deux mots : *les Pfeaumes font la
voix de l'Eglife, du Chrift entier.* C'eft
donc dans l'hiftoire de l'Eglife, avant
l'Incarnation, qu'il faut chercher l'objet
primitif des Pfeaumes, & non dans l'hiftoire, la vie du Prophete à qui l'Efprit
Saint les a dictés.

Si ce raifonnement n'eft qu'un fo-
phifme, je demande avec inftance qu'on
me faffe connoître en quoi & comment
Que fi le fyllogifme eft en forme, la
caufe eft finie ; & les preuves que les
Capucins ont mife en avant, pour établir

qu

que l'objet primitif des Pſeaumes ne ſauroit être le Prophete David , ſont ſura-
bondantes. Nous pourrions donc en reſ-
ter-là ; mais parce que la réponſe qu'on
leur a faite , dans la Diſſertation dont
il s'agit , ne ſert qu'à mettre dans un
plus grand jour la juſteſſe de leurs principes & la vérité de leur ſentiment ſur l'objet
des Pſeaumes , écoutons le ſavant & reſpec-
table Diſſertateur :

*Les ſavants Auteurs de la nouvelle
opinion prétendent que les imprécations
qui ſe trouvent dans les Cantiques ſacrés , ne conviennent pas au caractere
de David ; qu'elles ſont déplacées dans
la bouche du meilleur des Rois : mais
en diſant cela , à quel eſprit attribue-t-on
ces imprécations? Ceux qui propoſent cette
objection ont-ils oublié que l'Auteur des
Pſeaumes , tel qu'il ſoit , eſt un homme
inſpiré de Dieu ?*

Non , ils ne l'ont pas oublié ; la belle
verſion qu'ils nous ont donnée, d'après leurs
principes , en eſt la preuve en effet : lire ,
dans les ſiecles à venir , les deſtinées de

l'Eglise , la captivité d'Israël & sa délivrance , ce grand objet sur lequel les
Prophetes sont inépuisables ; le peindre
sous toutes les faces , en offrir mille différentes images , toutes plus vives les
unes que les autres ; exprimer sur-tout
les tons , les sentiments de repentir , les
motifs d'espérance & de consolation , les
soupirs ardents d'Israël , gémissant au milieu des horreurs de la captivité la plus
dure : offrir dans le même tableau , l'i-
mage de sa délivrance , les transports de
sa joie , ses actions de graces ; & cela avec
cette variété & cette vivacité de couleurs
qui attache , qui touche , qui ravit ;
composer ces tableaux divers de maniere
à nous offrir , sous la même image ,
l'ancien & le nouvel Israël , la captivité
de Babylone , la délivrance de la Nation
sainte ; une captivité bien plus terrible ,
une rédemption infiniment plus précieuse :
trouver des expressions également propres à ces deux différentes captivités , à
ces deux rédemptions différentes ; les
choisir si bien , ces expressions , que ,

non-feulement le Corps de l'Eglife , mais
chaque Membre en particulier, pût les
appliquer à fa pofition , à fes befoins
perfonnels : enfin répandre par-tout &
fondre, pour ainfi dire, dans cet Ouvrage, vraiment divin , tout ce que le
Chriftianifme a de plus fublime dans fes
myfteres , tout ce qu'il y a de plus parfait , de plus faint dans fa morale. A ces
traits je reconnois l'homme infpiré , le
Prophete , l'organe du Saint Efprit :
voilà de quoi perfuader les incrédules,
fi les incrédules étoient auffi aifés à
perfuader qu'il eft facile de les convaincre.

Que tel événement de la vie du Prophete ait été ou pu être l'occafion de tel
Pfeaume, à la bonne-heure; mais ce favant
Auteur obferve lui-même , d'après le
R. P. Houbigant , qu'il faut diftinguer
l'occafion du Pfeaume d'avec le fujet.
Il eft important, dit-il , *dans fa Dif-*
fertation fur le Pfeaume EXURGAT ,
d'obferver que le favant P. Houbigant
diftingue ici très-judicieufement l'occafion

du *Pseaume* d'avec le sujet. Ce sont en
effet deux points fort différents ; & com-
munément les Interprètes modernes ne
les distinguent point assez. Il cite ensuite plusieurs exemples , entr'autres le
Pseaume 17, *DILIGAM TE*, qui se trouve
placé à la fin de l'histoire de ce Prince ,
au second livre des Rois. *Les victoires
multipliées de David sur ses ennemis ,
ont été certainement* (ce sont ses termes) *l'occasion du Pseaume 17. Mais
le sujet de ce Cantique admirable , ce
sont les victoires mêmes de Jesus-Christ &
de son Eglise.*

L'Auteur auquel nous répondons ne
tombe-t-il pas lui-même ici dans le défaut qu'il reproche aux Interpretes modernes , en confondant *l'occasion* du
Pseaume avec le sujet. Les victoires multipliées de David sont très-certainement ,
selon lui, l'occasion du Pseaume 17 : mais
ces victoires multipliées sont , de son propre aveu , l'objet de ce même Pseaume ,
dans le sens littéral immédiat. Il devoit
donc ajouter , pour ne pas tomber en

contradiction avec lui-même, que le Pſeaume 17 a un ſens unique; & en dire autant de tous les autres : & pourquoi pas ? les raiſons en ſont les mêmes. Il ne faut donc plus chercher de ſens littéral primitif dans les Pſeaumes : tous n'en auront qu'un ſeul, l'Egliſe, épouſé du Verbe, après l'Incarnation. N'y cherchons donc plus ni la captivité de Babylone, ni les perſécutions de Saül, ni la révolte d'Abſalon, ni, &c. Une telle opinion ne ſeroit pas ſoutenable; ce n'eſt certainement pas celle de l'Auteur. Tâchons de nous expliquer avec plus de préciſion.

Les victoires remportées par le Roi David ſur ſes ennemis : voilà l'occaſion du Pſeaume *DILIGAM TE.* La captivité de Babylone & la délivrance d'Iſraël : voilà l'objet du Pſeaume, dans le premier ſens. La Rédemption du monde, les perſécutions, les combats, les victoires, les triomphes, la gloire de l'Egliſe, après l'Incarnation de ſon divin Chef : voilà le ſecond objet du Pſeaume ; mais toujours le plus intéreſſant, le plus parfait, le plus beau, & par conſéqùent le principal. Raiſonnez de même ſur tous les Pſeaumes qui paroiſſent avoir été compoſés à l'occaſion de quelqu'événement, ſoit de l'Hiſtoire ſainte, ou de la vie des Prophetes.

La circonſtance la plus remarquable de la vie de Jonas, fut l'occaſion du Cantique *CLAMAVI de tribulatione MEA AD DOMINUM*. La maladie & le rétabliſſement du ſaint Roi Ezéchias, furent l'occaſion du Cantique. *Ego dixi in dimidio dierum meorum vadam ad portas inferi.* Les malheurs de Job furent l'occaſion de ce Poëme admirable qui porte ſon nom ; mais ces Cantiques ſacrés, ainſi que bien d'autres, ont pour objet l'ancien Iſraël, dans le premier ſens, & le nouvel Iſraël dans le ſecond. A l'égard des Pſeaumes qui ont un ſens unique, parce qu'ils ne ſont applicables à l'Egliſe qu'après l'Incarnation, ils peuvent, ainſi que les autres, avoir été compoſés à l'occaſion de quelqu'événement particulier ; mais ce n'est pas-là ce dont il s'agit : je reviens aux imprécations que nous lisons dans les Pseaumes.

Ces imprécations, dit notre pieux Auteur, *sont ou les expressions d'un cœur inhumain, ou les justes Arrêts inspirés par l'esprit de Dieu. Si elles sont les expressions téméraires d'un cœur inhumain, elles sont aussi déplacées dans la bouche de l'Israëlite captif à Babylone, que dans celle de David persécuté par Saül.*

Cela est vrai, si l'on suppose que l'Israëlite, en chantant le Pseaume qui renferme ces imprécations, avoit en vue ses intérêts propres, ses ennemis personnels. Un Chrétien qui, en récitant ces versets : *persequar inimicos meos & comprehendam illos, & non convertar donec deficiant. Descendant in infernum viventes*, & d'autres semblables, auroit en vue les ennemis qui le persécutent, ne pourroit s'exprimer ainsi que par un esprit de vengeance ; mais l'Israëlite & le Chrétien, en récitant les Pseaumes, qui sont la voix de l'Eglise, s'expriment

comme étant les Membres de cette Eglise , de ce Corps dont Jesus-Christ est le
Chef, la bouche par laquelle nous par-
lons au Pere , suivant le beau mot de
Saint Ambroise : *os nostrum Christus per
quod patri loquimur.*

David , ajoute-t-on , *parloit au nom
de l'Eglise & de son Chef dont il étoit la
figure.* Il ne parle donc pas en son propre nom ; c'est donc l'Eglise unie à son
Chef, *le Christ entier* qui parle par la
bouche de son Prophete. Il s'agit donc
dans les Pseaumes , des intérêts de l'E-
glise unie à son Chef, des intérêts *du
Christ entier* , & non des intérêts personnels du Prophete : les persécutions ,
les combats , les victoires , la justice ,
l'innocence , les erreurs, les péchés , les
iniquités du Prophete Roi , ne sont donc
pas l'objet des Pseaumes dans le premier
sens.

David étoit la figure de Jesus-Christ.
C'est-à-dire que l'on trouve dans la personne de David , & dans l'histoire de
sa vie , certains traits de ressemblance

avec Jefus-Chrift. David n'eft pas le feul
dans la perfonne duquel Dieu ait tracé
quelques légeres images des humiliations
de fon fils, ou de fa gloire: nous en
trouvons plufieurs dans la vie des Pa-
triarches & des autres Prophetes,
Ifaac Jacob, Jofeph, Moïfe, &c.,
comme il nous a tracé dans l'ancienne
loi la figure, *l'ombre des biens futurs*:
& cette maniere de les annoncer a été
fans doute une des difpofitions les plus
admirables de fa fageffe.

Mais les traits de cette grande image
épars çà & là, ne fe trouvent réunis
que dans le Chrift entier, & pour le dire
encore une fois, l'Eglife n'a pu être re-
préfentée que par elle-même : ce qui
lui eft arrivé dans fon premier état, a
été la figure de ce qui devoit lui arriver
dans un état plus parfait; mais c'eft toujours la même Eglife. Elle embraffe tous
les fiecles : *c'eft le Peuple choifi* dès le
commencement, *les enfants de la lumiere
& du jour féparés des enfants de la
nuit & des ténebres; les enfants de Dieu*

C 5

qui, dans la Genèse, sont distingués *des enfants des hommes ; cette nation sainte*, ce Peuple racheté par le sang de l'Agneau, de cet Agneau divin *immolé dès l'origine du monde.* Voilà l'Eglise toujours épouse du Verbe, ne faisant avec elle qu'un même Corps, appellé *le Fils de Dieu. Filius meus primogenitus Israël. Dimitte filium ut serviat mihi :* & dans Ozée *ex Egypto vocavi filium meum.* Encore une fois, voilà l'Eglise dans son premier état : l'ancien Israël, qui seul, a pu représenter le nouveau, qui seul, par conséquent, est le véritable objet des Pseaumes, dans le premier sens ; *le Christ entier*, qui seul a pu faire contre les apostats, les impies & contre Babylone toutes les imprécations qu'on lit dans les Pseaumes & les autres Prophéties.

La combinaison des textes & l'harmonie qui sont les preuves que l'on emploie aujourd'hui pour enlever à David la plupart des Pseaumes, sont précisément celles qui les lui assurent. La combinai-

son des textes est avouée ; on convient que les Pseaumes sont remplis de traits applicables à différentes circonstances de la vie de David. Il ne s'agit donc que d'examiner si l'harmonie justifie cette combinaison. Non-seulement elle la justifie, mais elle l'exige. Pag. 327.

Oui, sans doute, il y a plusieurs endroits dans les Pseaumes que l'on peut appliquer à certains traits du saint Roi David ; mais il ne suit pas delà que ces Pseaumes lui appartiennent plutôt qu'à Israël : il faudroit prouver que ces mêmes passages ne sont point applicables à Israël, & c'est ce qu'on ne fait pas. Il y a, dans les Pseaumes, disent les Capucins, plusieurs versets applicables à certains traits de la vie de David, & encore mieux à l'Eglise d'Israël. Le reste du Pseaume convient à Israël, & nullement à David; Israël est donc l'objet du Pseaume. Les versets applicables à David ne prouvent rien ; ils le sont à tout autre Prince qui se trouveroit dans les mêmes circonstances. Voilà pourquoi l'opinion qui donne le Pseaume 50 à David, pleurant son adultere & son homicide, paroît insoutenable, quand on y regarde de près, parce qu'on ne voit pas comment le Roi David eût demandé le rétablissement des murs de Jérusalem. N'est-il pas évident, d'ailleurs, que les *ossements humiliés* du verset 10, sont les mêmes que ceux à qui le Prophete Ezéchiel adressoit la parole : *ossa arida audite verbum Domini.* Ainsi de ce que l'on peut appliquer quelques versets, même la plus grande partie d'un Pseaume, à David, il ne faut pas en conclure que David soit l'objet primitif du Pseaume.

Par *les combinaison des textes paralleles*, les Capucins n'entendent pas la combinaison des Pseaumes, avec l'histoire de David. Ils entendent la comparaison des Pseaumes avec les autres Prophetes, la comparaison des Pseaumes les uns avec les autres. Voyez les second & troisieme volumes des principes discutés.

Si dans les Prophéties qui, de l'aveu

de tous les Interpretes, ont pour objet
la captivité, je trouve les mêmes pen-
fées, les mêmes expreſſions, les mêmes
images que dans tel Pſeaume donné par
vous au Roi David, n'eſt-il pas viſible.
que le Pſeaume appartient, non à David,
mais à la captivité, ſur-tout lorſqu'il n'eſt
pas poſſible de le donner à David, ſans
bleſſer eſſentiellement les loix de l'harmonie ? Si dans tel Pſeaume que vous.
donnez à David, & que l'on ne peut.
lui appliquer ſans faire violence au texte,
je trouve les mêmes penſées, les mêmes
expreſſions, les mêmes images que dans
les autres appliqués à la captivité par
tous les Interpretes, n'ai-je pas raiſon
de conclure que ce Pſeaume, ainſi que
les autres, a la captivité pour objet.

Parmi les regles que les Interpretes
nous ont données pour l'intelligence des
oracles ſacrés, en eſt-il de plus naturelles,
de plus ſimples, de plus ſûres que de
les comparer les unes avec les autres,
& d'expliquer ainſi l'Ecriture par elle-
même? Ecoutons Driedo, & avec lui tous

les autres : *per scripturas divinas multò tutiùs ambulatur, ut dum eas verbi obscuris adumbratas interpretari volumus, eam inde eruamus sententiam quæ, aut non habeat controversiam, aut si habeat ex scripturis ad hibitis textibus determinetur.* Fuerit autem, dit le même Interprete, d'après Saint Augustin, *ratio exponendi congrua, dum per expositionem datam, nihil absonum sequitur in sententiarum cohærentiâ dum insuper & nomina & verba illic translata ostenduntur pro iis etiam rebus interdum acceptâ, in aliis apertioribus scriptura locis.* La chose parle d'elle-même : *ad phrasis & vocis notionem,* dit Corneille de la Pierre, *via & ratio optima est conferre loca scripturæ in quibus aut similes voces aut phrases iterentur.*

Parmi les Interpretes de l'Ecriture, il n'en est aucun qui ait fait usage de cette regle avec un succès égal à celui des savants Auteurs des principes discutés : & je ne crains pas d'en prendre ici à témoin tous ceux qui ont lû, sans prévention & sans préjugé, ce fruit précieux de leurs veilles & de leurs profondes méditations.

Poursuivons.

Notre Auteur convient que les traits applicables à David le sont également à Israël. Qu'est-ce donc qui déterminera notre choix ? *L'harmonie* : il le dit lui-même dans sa Dissertation sur les Pseaumes graduels, qui tous, selon lui, appartiennent incontestablement à la captivité. Parmi les preuves qu'il en donne, » la » plus forte, dit-il, la plus convaincante, » est qu'il n'y a aucun de ces 15 Pseaumes » qui ne s'explique très-aisément dans ce » sens. Or, dans cette matiere on ne va » gueres chercher d'autres preuves que » la facilité de soutenir une explication » d'une maniere suivie & naturelle, se- » lon un certain systême fondé sur l'his- » toire, qui n'ait rien d'incompatible » avec les circonstances des temps, des » lieux & des personnes. Ici il y a quel- » que chose de plus, puisque la plupart » de ces Pseaumes ne peuvent s'entendre » sans violence d'un autre évènement que

» du retour de la captivité de Baby-
» lone. « Page 316 du 7e volume de
la Bible déjà citée.

C'est d'après ces principes dictés par
le bon sens, c'est en ne s'écartant jamais de cette regle invariable, que les
Capucins donnent à Israël les Pseaumes
que d'autres donnent au Roi David. Ils
ont prouvé, ou plutôt ils ont démon-
tré, en examinant un Pseaume après
l'autre, dans un ouvrage de 12 ou
15 volumes, composé *ad hoc*, qu'en
prenant David pour objet primitif des
Pseaumes, il n'est pas possible de les
expliquer *d'une maniere suivie & naturelle,*
selon un certain systême fondé sur l'hi-
toire, qui n'ait rien d'incompatible
avec les circonstances des temps, des
lieux, des personnes. Ils ont prouvé
quelque chose de plus, puisque de
leurs preuves il résulte *que les Pseau-*
mes donnés par eux à la captivité, ne
peuvent s'entendre, sans violence, d'un
autre événement que de la captivité.

Pour donner à David un Pseaume

où l'on trouve plusieurs passages qui lui conviennent, il faut donc nécessairement que le Pseaume puisse lui être appliqué en entier ; autrement l'application ne sera pas *soutenue d'une maniere suivie & naturelle.* Si, après lui avoir appliqué certains versets, même le plus grand nombre, on ne peut pas lui appliquer les autres, sans faire violence au texte, il n'y a plus d'harmonie, & David par conséquent n'est pas l'objet du Pseaume que l'on explique.

C'est une des raisons pour lesquelles D. Calmet, & d'autres avec lui, pensent que le Pseaume 50, *MISERERE*, n'a pas David pour objet, mais la captivité de Babylone. Ils ont senti que le saint Roi ne pouvoit pas demander le rétablissement des murs de Jérusalem, comme on le voit au 20e verset : & pour leur faire entendre le verset 10, qui, en supposant David pour objet du Pseaume, n'étoit gueres moins embarrassant, Ezéchiel leur a dit : *ossa hæc universa domus Israël est.* Il peut se faire que le péché de David ait été l'occasion du Pseaume 50, mais *la maison d'Israël* en est visiblement le sujet : autrement ce ne seroit plus une Prophétie. Observons, en passant, que le chapitre 37 d'Ezéchiel, est la vraie clef non-seulement du Pseaume 50, mais de beaucoup d'autres.

Les dissonnances (le défaut d'harmonie) *sont-elles aussi grandes, & aussi fréquentes qu'on le suppose dans les Pseaumes en les appliquant à David ?* Cette question, tout-à-fait nouvelle, est la seule réponse qu'on oppose aux Capucins, sur l'article de l'harmonie ; mais pourquoi donc cette quantité prodigieuse de volumes pour expliquer le sens littéral des Pseaumes, pour y trouver la liaison, la suite, l'harmonie que les Ecrivains inspirés ont dû mettre dans leurs Ouvrages ? D'où vient cette étonnante variété d'opinions qui partagent les Interpretes, & au milieu de laquelle nous ne cesserons de flotter, tant que nous ne chercherons pas dans l'ancien Israël l'objet primitif des Pseaumes ?

Il y a, dit notre Auteur, *des Pſeau-mes où David parle au pluriel ; & là, il eſt viſible qu'il s'agit des intérêts du Peuple de Dieu. Il y en a d'autres où il parle au ſingulier ; & ce ſont parti-culiérement ceux-là que l'on attribue com-munément à David.* Mais en s'exprimant de la ſorte, il ne faiſoit pas attention que parmi les quinze Graduels qui, ſelon lui, ont inconteſtablement pour objet le re-tour de la captivité, *le Peuple de Dieu*, il y en a près de la moitié où le Pro-phete parle au ſingulier.

Que le Pſalmiſte parle au ſingulier, ou au pluriel, qu'eſt-ce que cela fait à la choſe ? *Clamat unus tanquam omnes*, dit Saint Auguſtin, *quia omnes unum ſunt*. Quand il parle au ſingulier, c'eſt *le Fils de Dieu*, l'Egliſe unie à ſon Chef, le Chriſt entier, dont la voix ſe fait en-tendre ; quand il parle au pluriel, ce ſont les Membres de cette même Egliſe qui parlent tous en commun : cette diſtinction de ſingulier & de pluriel, eſt donc inu-tile pour l'intelligence des Pſeaumes.

Pag. 324

In Pſal. 69.

Pag. 334 &
fuiv.

*Perſonne ne doute qu'il n'y ait un
certain nombre de Pſeaumes qui ſe rapporte à Iſraël, captif chez les Babylo-
niens, tels ſont les Pſeaumes Super flumina Babylonis.... In convertendo Dominus captivitem Sion, & généralement
tous ceux où il eſt parlé de captivité, de
diſperſion, de retour dans la Judée, du
rétabliſſement de Jéruſalem.*

Avant d'aller plus loin, je prie le Lecteur d'obſerver que dans le *MISERERE*,
il eſt parlé du rétabliſſement de Jéruſalem : l'Auteur de la Diſſertation ne veut
cependant pas qu'il ait pour objet, dans
le premier ſens, Iſraël captif. *Je n'i-
gnore pas*, dit-il dans ſa Préface générale ſur l'ancien Teſtament, *qu'aujourd'hui
on prétend enlever (l'expreſſion eſt remarquable) ce Pſeaume à David, dans
le ſens littéral & immédiat, pour le rapporter à Iſraël, captif à Babylone ;
mais ON LE PRÉTEND SANS
PREUVE.*

Sans preuve ! Et les preuves des Capucins contiennent cent quarante - ſix

pages. Voyez-les au 12ᵉ volume des principes discutés. Cent quarante-six pages de preuves en tout genre, & qui sont portées jusqu'à la démonstration, & l'on nous dit après cela qu'ils n'ont point de preuves !

Dans le Pseaume *MISERERE* le Psalmiste parle au singulier, & par conséquent, selon notre Auteur, il n'appartient pas *au Peuple de Dieu* ; mais il est parlé *du rétablissement de Jérusalem*, & par conséquent, selon le même Auteur, il appartient au *Peuple de Dieu*, captif à Babylone. Je reprends.

Tout le monde convient qu'il faut donner à Israël, & non à David, généralement tous les Pseaumes où il est parlé de captivité, de dispersion, de retour dans la Judée, de rétablissement de Jérusalem ; comme, par exemple, Super flumina Babylonis. C'est le principe que pose l'Auteur de la Dissertation.

Or, dans tous les Pseaumes que les Capucins donnent à Israël, il est parlé de captivité, de dispersion, de retour

dans la Judée , &c. ; donc tous les Pseaumes qu'ils donnent à Israël lui appartiennent , & le Roi David n'en est pas
l'objet.

La majeure ne souffre pas de difficulté,
personne ne doute. Les preuves de la
mineure sont établies dans un Ouvrage
de quinze volumes , non compris les lettres
de M. l'Abbé de Villefroi. Mon Lecteur
n'exige pas sans doute que je transcrive
ici dix-sept voulumes pour répondre à
une Dissertation de vingt-trois pages. J'ob-
serverai seulement que , pour réfuter le
sentiment des Capucins , il faut nécessairement discuter avec eux un Pseaume
après l'autre , d'après les principes avoués
par tous les Interpretes ; & parce que les
principes les plus incontestables peuvent
être mal appliqués , il faut montrer en
quoi & comment l'application qu'ils
en ont faite à tel & tel Pseaume n'est
pas juste. Leur Ouvrage n'est pas un
composé de pieces & de morceaux in-
dépendants les uns des autres ; tout y est
conséquent , tout y est lié , tout découle

de leurs principes. Ce n'eſt que l'exécu-
tion du plan tracé par M. l'Abbé de
Villefroi ; ou ces principes ſont vrais ,
ou ils ſont faux : quiconque les prétend
faux , doit réfuter d'abord les lettres du
célebre Profeſſeur royal , les 1re , 2 ,
3 , 4 & 5e , qui renferment le Précis
de la conduite de Dieu ſur les hommes ,
depuis Adam juſqu'à l'Incarnation du
Verbe , & depuis l'Incarnation du Verbe
juſqu'à préſent. Les 7 , 8 , 9 & 10e ,
ſur le double ſens littéral. Les 11 , 12 ,
13 , 14 & 15e , ſur les termes-énigma-
tiques , & les termes généraux. Ce n'eſt
pas tout.

Les Eleves de ce grand homme ont
fait, ſous ſa direction , des progrès qui ne
ſont pas une foible preuve de la juſteſſe
du plan qu'ils ont ſuivi. Il faut donc répondre à ce qu'ils ont avancé pour
prouver la vérité de leurs principes , &
approfondir la matiere de leurs diſcuſ-
ſions.

Dans le premier volume ils traitent
du ſens littéral.

Dans le second , ils comparent les Pſeaumes les uns avec les autres, & font des obſervations ſur le plan de M. l'Abbé de Villefroi.

Dans le troiſieme , ils comparent les Pſeaumes avec les Prophetes.

Le quatrieme contient trois Diſſertations , également belles & inſtructives, ſur le Verbe Créateur , le Verbe Directeur , le Verbe Epoux.

Le cinquieme eſt une Diſſertation ſur la ſainteté perpétuelle de l'Egliſe.

Dans le ſixieme , on en trouve une autre ſur la Loi Moſaïque.

Dans le ſeptieme on traite des termes énigmatiques , & des termes généraux dans le neuvieme. Tels ſont les objets que l'on eſt forcé de diſcuter en détail , pour réfuter le ſentiment des Capucins , quand on nie la vérité de leurs principes.

Que ſi , étant d'accord ſur les principes

cipes, on prétend qu'ils les ont mal appliqués ; la tâche n'en fera pas moins pénible, & dans tous les cas il faudra lutter contre une multitude de preuves, contre une foule d'autorités qui forceront vraifemblablement l'Adverfaire des Capucins de leur abandonner le champ de bataille. Il y a long-temps que cette petite guerre eft commencée : le R. P. Houbigant & M. l'Abbé Ladvocat furent, comme on le fait, les premiers à la déclarer, & ce fut auffi fous ces deux Savants refpectables que l'Auteur de la Differtation fit fes premieres armes. (1) Les Difciples de M. l'Abbé de Villefroi répondirent aux critiques par de bonnes raifons : le fait eft que l'on n'a point jufqu'ici entamé leurs preuves. Reprenons la fuite de notre examen.

L'harmonie, dit-on, qui manque

---

(1) La Differtation qu'on examine ici parut en partie dans le Journal Eccléfiaftique de Novembre 1762, & en partie dans celui d'Avril 1763. Voyez la note de l'Editeur de la Bible, au bas de la page 320, tome 7.

D

dans le premier sens, se retrouve dans le second. Page 324.

Le savant Auteur convient donc que l'harmonie *manque dans le premier sens.* Mais a-t-il bien senti toutes les conséquences d'un pareil aveu ? Si l'harmonie *manque dans le premier sens,* je n'ai donc pas saisi le véritable objet du Pseaume dans ce premier sens, puisque *mon explication ne se soutient pas d'une maniere suivie & naturelle qui s'accorde avec l'histoire, les circonstances des temps, des lieux, des personnes.*

Si l'harmonie manque dans le premier sens, elle doit nécessairement manquer dans le second ; puisque le premier est la base, la figure, l'ombre, le type du second. Quelle nécessité y a-t-il, d'ailleurs, d'abandonner un objet auquel tous les versets du Pseaume s'ajustent naturellement, sans effort, je veux dire sans faire violence au texte, pour en choisir un autre dont on ne peut justifier l'application suivant les regles de l'harmonie ?

Il y a des Prophéties dont le sens est
unique , en ce qu'on ne peut les appliquer à l'Eglise , qu'en la considérant
après l'Incarnation ; mais il y en a d'autres
qui ont deux sens également littéraux ,
dont le premier se rapporte à l'ancienne
alliance , & le second à la nouvelle. Ces
divins oracles annoncent donc sous la
même lettre, sous les mêmes expressions,
les destinées de l'ancien & du nouvel
Israël. L'Eglise de Jesus-Christ en est
donc l'objet , d'abord dans un sens , &
ensuite dans un autre ; mais c'est un seul
& même oracle où tout est lié ; une seule
piece dont toutes les parties forment un
tout harmonieux , & de laquelle on ne
doit pas détacher certains versets , pour
les appliquer à un objet auquel les autres
versets ne peuvent pas s'ajuster , sans
mettre le texte à la torture. Citez ces
versets isolés à un incrédule ; vous expo-
sez l'oracle du Saint Esprit à ses déri-
sions. Les Prophetes ne seront à ses yeux
que des enthousiastes dont les discours
n'ont ni suite , ni liaison , qui passent

continuellement d'un objet à un autre, & cela d'une maniere qui révolte le bon sens, & avec une confusion vraiment indigne de l'Esprit-Saint qui a dicté ces admirables poésies.

L'harmonie des Pseaumes n'est pas plus parfaite en les appliquant à Israël, qu'en les appliquant à David. On peut même dire qu'elle l'est moins. Page 325 & 26.

J'en appelle ici au Pseautier des Capucins, & au jugement de ceux qui ont approfondi les principes d'après lesquels ils l'ont traduit sur l'Hébreu.

Au surplus, nous ne saurions trop répéter que l'accomplissement des Prophéties dans le premier sens, est beaucoup moins parfait que dans le second : dans celui-ci ce n'est que l'ombre, dans l'autre c'est la réalité. Aussi le premier sens en indique-t-il un second ; parce que les expressions du Prophete sont trop énergiques, trop sublimes, pour qu'on puisse les borner à ce premier sens. Il y a plus, elles en indiquent souvent un troisieme relatif à ce bienheureux état après lequel l'Eglise soupire aujourd'hui, comme, dans son premier état, elle soupiroit après l'Incarnation de son divin Chef : *osculetur meo osculo oris sui.*

Lisez, par exemple, les 9 & 10e versets du Pseaume 35, *Dixit injustus,* que les Capucins, & avant eux D. Calmet, ont donné à Israël captif. *Inebriabuntur ab ubertate domus tuæ ; torrente voluptatis tuæ potabis eos ; quoniam apud te est fons vitæ, & in lumine tuo videbimus lumen.* Cet oracle a été accompli dans un sens très-vrai, mais très-borné, lors de la délivrance d'Israël & de son rétablissement dans la Judée. Il s'est accompli ensuite d'une maniere bien plus parfaite lorsque le divin Epoux s'est montré lui-même revêtu de notre chair, & que l'Epouse a entendu la parole du salut, non par l'entremise d'une bouche étrangere, mais de la propre bouche de cet Epoux tant désiré : *ego qui loquebar ecce adsum.* Elle n'a cependant vû, elle n'a touché le Verbe de vie qu'à travers les voiles de son humanité. Elle ne le voit, elle ne le touche encore maintenant qu'à travers des voiles d'une autre espece, & moins transparents que les premiers. Aux douceurs ineffables dont elle s'enivre, sont toujours mêlées les saintes amertumes de la Croix ; & les rayons du Soleil de Justice ne brillent à ses yeux qu'à travers les nuages qui l'environnent. Dans l'éternité enfin seront pleinement accomplies ces magnifiques promesses : *Inebriabuntur*, &c.

On voit qu'ici, comme dans tous les Pseaumes qui ont plusieurs sens littéraux, les termes de *vie*, de *lumiere*, désignent la délivrance & la liberté d'Israël, de même que les termes de *mort*, de *ténebres*, désignent son esclavage. Le sens primitif & immédiat est sans doute le moins intéressant ; mais il est la base de tous les autres. Il faut donc qu'il ait de la suite & de l'harmonie. Les incohérences, les applications forcées, la confusion des objets, les passages subits de l'un à l'autre, d'un sens à l'autre : tout

cela prouve évidemment que l'on n'a pas
saifi le véritable sujet de la piece dans le
fens littéral primitif.

L'harmonie, continue notre Auteur,
eſt moins parfaite en appliquant les
Pſeaumes à Iſraël, parce qu'en les ap-
pliquant à David, on y trouve les inté-
rêts de David mêlés avec ceux de Jeſus-
Chriſt & de ſon Egliſe : ce qui eſt inévi-
table, ajoute-t-il, parce que David n'eſt
que l'emblême de Jeſus-Chriſt & de ſon
Egliſe.

On ne voit pas d'abord ce que fignifie ce *mêlange d'intérêts*, ni quel rap-
port il peut avoir avec l'harmonie des
Pſeaumes ; mais la fin de la période aide
à deviner la penſée de l'Auteur. C'eſt
comme fi les Capucins diſoient que les
intérêts d'Iſraël captif à Babylone, font
mêlés avec ceux de l'Egliſe Chrétienne,
perſécutée par ſes ennemis. Il veut donc
dire que l'un étant *l'emblême* de l'autre,
les intérêts de celui-ci font *mêlés* avec
les intérêts de celui-là ; mais les Capucins rétorqueront & concluront en fa-

veur d'Ifraël ; parce qu'Ifraël, infiniment mieux que David , eft l'embléme du nouvel Ifraël , de l'Eglife Chrétienne. Nous ne faurions trop le répéter , le nouvel Ifraël , l'Eglife Chrétienne , le Chrift entier n'a pu être figuré avec tous fes traits que par l'ancien Ifraël , appellé dans les Livres faints, *le Fils de Dieu , le Chrift.*

C'eft d'après ce principe inconteftable que les Élevés de M. de Villefroi ont trouvé dans les Pfeaumes cette harmonie dont tous les Interpretes ont fenti la néceffité. C'eft d'après ce principe puifé dans les Peres , dans les Livres faints , qu'ils nous ont donné la belle verfion des Pfeaumes fur l'Hébreu que tout le monde connoît , & qui véritablement eft un chef d'œuvre dans ce genre.

En appliquant les Pfeaumes à Ifraël , au lieu de les appliquer à David , on fe trouve réduit à dire que David n'eft pas David ; mais l'Eglife d'Ifraël , quelquefois défignée fous le nom de David.

On est réduit ! Est-ce donc une extrêmité bien fâcheuse, & une position fort embarrassante, que d'être *réduit* à nommer le Peuple de Dieu par le nom que Dieu lui a donné ? Mais, ce nom-là est si beau ! il signifie *bien-aimé: dilectus ;* c'est qu'il étoit l'image de celui qui resta seul sur le Thabor, après que la loi & les Prophetes eurent disparu ; & qui fut montré aux Apôtres, comme le corps prenant la place des ombres. *Hic est Filius meus dilectus.* Souvenons-nous ici du passage d'Ozée : *puer Israël & dilexi eum , & ex Egypto vocavi Filium meum.* Saint Mathieu nous apprend que l'Enfant Jesus revint de l'Egypte pour accomplir cette Prophétie, *ut adimpleretur ;* & chacun sait que ces paroles d'Ozée, dans le premier sens littéral, regardent l'ancien Israël sortant de l'Egypte. Voilà un trait de lumiere à la faveur duquel on découvre bien des objets.

Quoi qu'il en soit, notre Auteur convient que l'Eglise d'Israël, l'ancien Israël,

C. 11.

D 5

est *quelquefois* désignée sous le nom de David. Pourquoi donc trouve-t-il singulier que les Capucins reconnoissent *Israël* sous le nom de David, dans un Pseaume où il n'y a ni liaison, ni suite, & point d'harmonie, si on veut l'appliquer au saint Roi David ? A quelle autre marque doit - on distinguer les passages où le mot *David* désigne la personne de ce Prophete, d'avec ceux où ce même mot *David* désigne l'Eglise d'Israël ?

On est réduit, ajoute-t-il *, à transporter à l'Eglise d'Israël, & tout au plus dans un second sens, à l'Eglise de Jesus-Christ, des Pseaumes qui appartiennent à Jesus-Christ.*

Il oublie toujours qu'il ne faut jamais séparer l'Eglise d'avec son Chef, que l'Eglise & son Chef ne font qu'un, *le Christ entier,* qui ne sauroit être divisé ; mais si l'Eglise & son Chef ne font qu'un seul corps, comment peut-on *transporter à l'Eglise d'Israël, & tout au plus, dans un second sens, à l'Eglise de Jesus-Christ, des Pseaumes qui appartiennent à Jesus-*

Chrift ? Un Pfeaume qui appartient à Jefus-Chrift doit néceffairement appartenir à l'Eglife qui eft le Corps myftique de Jefus-Chrift.

Si l'on difoit qu'après avoir appliqué tel Pfeaume à l'Eglife d'Ifraël, dans un premier fens, on *le tranfporte à l'Eglife* Chrétienne dans un fecond fens, à la bonne heure. Si l'on ajoutoit que certains Pfeaumes ont un fens unique, parce qu'ils ne font applicables à l'Eglife qu'après l'Incarnation du Verbe ; parce que la Prohétie qu'ils contiennent n'a été accomplie dans aucun fens avant l'Incarnation du Verbe ; cela eft clair ; mais *tranfporter à l'Eglife d'Ifraël, & tout au plus, dans un fecond fens, à l'Eglife de Jefus Chrift, des Pfeaumes qui appartiennent à Jefus-Chrift,* que fignifie ce tranfport? Voyons maintenant les exemples cités dans la Differtation.

Le premier eft pris du Pfeaume 77, *ATTENDITE.* Le fecond, *du Pfeaume* 39 , *EXPECTANS EXPECTAVI.* L'Auteur ne pouvoit choifir de textes qui, au premier abord, lui paruſſent plus favorables. *Elegit (Dominus) David ſervum ſuum & ſuſtulit eum de gregibus ovium ; de poſt fœtantes accepit eum paſcere Jacob ſervum ſuum & Iſraël hæreditatem ſuam ; & pavit eos in innocentiâ cordis ſui ; & in intellectibus manuum ſuarum deduxit eos.* Voici la traduction Latine de ces Verſets faite ſur l'Hébreu : *& eliget David ſervum ſuum ; abſtrahet eum de caulis ovium : adducet eum ut paſcat Jacob Populum ſuum, & Iſraël hæreditatem ſuam, qui paſcet eos pro integritate cordis ſui & manibus intelligentiſſimis deducet eos.*

Les Capucins prétendent que *David,* dans ce Pſeaume, déſigne l'Egliſe d'Iſraël, & non le Roi Prophete. *Cette interprétation,* dit-il, *vous paroît-elle bien naturelle ? Etes-vous bien perſuadé que là, ſous le nom de David, ſoit déſignée l'Egliſe d'Iſraël ? L'harmonie eſt-elle bien ſoutenue, quand on eſt réduit à faire une telle violence au texte ?*

Puiſque toutes les preuves de l'Adversaire, sur le point contesté, se réduisent à demander à son Lecteur ce qu'il pense ; oui, répondons-nous, *cette interprétation nous paroît naturelle, & nous sommes persuadés que là, sous le nom de David, est désignée l'Eglise d'Israël* ; que l'harmonie est parfaitement soutenue, qu'il n'y en a point dans ce Pseaume, si on l'interprete différemment ; qu'il n'y a pas même de Prophétie. On en trouve les preuves dans l'onzieme volume des principes discutés, depuis la page 200 jusqu'à la page 340.

Le savant Auteur nous a déjà dit qu'il *faut donner à la captivité les Pseaumes où il est parlé de captivité*. Et bien, dans le Pseaume 77, cette captivité se trouve décrite, depuis le verset 59, *ad nihilum redegit valdè Israël*, jusqu'au verset 65, où le Prophete annonce la délivrance d'Israël & la ruine entiere, la ruine sans retour de ses ennemis : *opprobrium sempiternum dedit eis* ; donc, d'après ses propres principes, le Pseaume 77 doit appartenir à la captivité.

Or, le *David* du verset qu'il cite, n'est choisi pour conduire le Peuple de Dieu qu'après son retour de la captivité : c'est-à-dire environ 500 ans après la mort du saint Roi *David* ; donc ce verset qu'il cite ne peut pas s'entendre de ce Prince.

Le Prophete Ezéchiel, après avoir prédit le retour de la captivité : *salvabo gregem meum , & non erit ultra in rapinam,* ajoute , *suscitabo super eas Pastorem unum qui pascat eas servum meum David.* Voilà donc , & dans Ezéchiel, & dans le Pseaume 77 , un *David* chargé de conduire l'Eglise d'Israël , après son retour de la captivité. Voyez Ozée , ch. 3 , ℣. 19.

Si l'on prétend que le verset 59 & les suivants ne se rapportent point à la captivité du Peuple de Dieu , ni le verset 66 à sa délivrance , à la ruine de Babilone , il faut assigner dans des temps antérieurs au regne de David , premiérement , l'époque où Israël fut comme anéanti par ses ennemis, à la merci desquels le Seigneur l'avoit, pour ainsi dire,

abandonné : *audivit dominus & sprevit ; & ad nihilum redegit valde Israël ; &* ensuite l'époque où le Tout-Puissant, qui
paroissoit endormi, se réveille & couvre
d'un opprobre éternel les ennemis de
son Peuple : *excitatus est Dominus tanquam potens crapulatus à vino & percus-
fit inimicos suos in posteriora : opprobrium sempiternum dedit illis.* N'est-ce
pas-là ce qu'avoit prédit Isaïe ? *cecidit cecidit Babylon..... perdam Babylonis no-
men.*

En attendant nous demeurerons *très-
persuadés* que l'interprétation des Capucins est *très-naturelle* ; & que leur version est la seule qui, *sans faire violence
au texte sacré*, laisse au Pseaume 77
l'harmonie qu'il doit avoir.

Il y a peu de Pseaumes qui, même
au premier coup d'œil, appartiennent
plus visiblement à la captivité que le
39 ; mais parce que l'Apôtre Saint
Paul l'applique à Jesus-Christ, notre Auteur ne veut pas que, dans aucun sens,
il soit appliquable à Israël. Voici comme

il s'explique : » *Holocaustum & propec-*
» *cato non postulasti ; tunc dixi ecce*
» *venio.* Vous croyez, avec Saint Paul,
» que c'est Jesus-Christ même qui dit
» cela par la bouche de David, & toute
» l'Eglise de Jesus-Christ l'a cru jusqu'ici ;
» mais si l'on en croit les Auteurs du nou-
» veau sentiment, vous vous trompez.
» Ecoutez leur commentaire : l'Eglise
» captive à Babylone, & celle de Jesus-
» Christ persécutée par les Pharisiens &
» les Gentils, protestent de leur soumis-
» sion aux décrets du Seigneur. Voilà
» tout ce qu'ils ont à vous montrer dans
» ce texte (il falloit dire dans ce Pseau-
» me), êtes-vous persuadé qu'il n'y ait
» que cela ? L'harmonie est-elle bien con-
» servée, quand on détourne à l'une &
» à l'autre Eglise un texte (pourquoi
» pas un Pseaume) qui selon Saint Paul
» appartient à Jesus - Christ personnelle-
» ment «. Page 326.

Nous croyons, avec Saint Paul, que le
Pseaume 39 est, comme tous les autres,
la voix de Jesus-Christ & de son Eglise,

la voix *du Chrift entier* ; mais Saint Paul
ne dit nulle part que dans le Pfeaume
39 la voix du Chrift , après l'Incarnation , ne puiffe pas être en même temps
la voix du Chrift avant l'Incarnation.

Si quelqu'un avoit foutenu à notre
Auteur que dans le paffage d'Ozée , cité
plus haut , il ne s'agit point du tout
d'Ifraël , que le Prophete , dans ce moment là , ne penfoit pas même à fa
fortie d'Egypte ; il auroit répondu en
adreffant la parole au Lecteur : » *puer*
» *Ifraël & dilexi eum* ; *& ex Egypto*
» *vocavi filium meum.* Vous croyez & tout
» le monde a cru jufqu'ici , comme vous ,
» que ce texte regarde l'ancien Ifraël &
» fa fortie d'Egypte ; vous vous trompez :
» l'Enfant Jefus ramené de l'Egypte , &
» tout au plus , dans un autre fens , le
» nouvel Ifraël délivré de l'efclavage du
» Démon : voilà tout ce que l'on a à
» vous montrer dans ce texte. Etes-vous
» bien perfuadé qu'il n'y ait que cela ?
» L'harmonie eft-elle bien confervée
» quand on borne à l'Enfant Jefus un

» texte qui appartient incontestablement
» à l'ancien Israël ? «

Le sens dans lequel Saint Mathieu applique ce texte à Jesus-Christ , n'exclut donc pas le sens primitif & immédiat qui regarde l'ancien Israël sortant de l'Egypte : il l'exclut d'autant moins que l'ancien Israël est appellé le Fils de Dieu. *Filius meus primogenitus Israël.... dimitte filium meum.* De même le sens dans lequel Saint Paul applique le Pseaume 39 à J. C. , n'exclut pas le sens primitif & immédiat qui regarde l'ancien Israël.

Les Interpretes ne sont pas d'accord sur le premier sens littéral du Pseaume 68 , *Salvum me fac Deus.* Les uns , avec M. Bossuet , le donnent à David persécuté par son fils Absalon ; d'autres , avec Théodoret & Dom Calmet , le donnent à la captivité de Babylone ; d'autres veulent , avec le P. de Carrieres , qu'il soit une priere du saint Roi contre ses ennemis : enfin il y en a qui l'appliquent aux persécutions que souffrirent les Machabées ; mais tous lui donnent un objet primitif & immédiat, comme tous l'appliquent à Jesus-Christ dans un second sens, qu'ils nomment *prophétique*, & que les Auteurs des principes discutés appellent *second sens littéral*.

Suivant l'Auteur de la Dissertation que nous examinons, les Interpretes ont eu grand tort de chercher dans le Pseaume 68 ce qui n'y est point, ce qui n'y fut jamais. Ignoroient-ils que ce Pseaume est donné à Jesus-Christ par Saint Jean, ch. 2 & ch. 19 ; par Saint Luc au premier des actes ; par Saint Paul aux ch. 11 & 15 de l'Epître aux Romains ? *L'harmonie est-elle bien conservée, quand on détourne ainsi à la révolte d'Absalon, aux persécutions de David, à la captivité de Babylone, un Pseaume qui, selon Saint Jean, Saint Luc, Saint Paul, appartient à Jesus-Christ lui-même ?*

Il seroit aisé de rapporter ici plusieurs autres textes de l'Ancien-Testament, appliqués à Jesus-Christ par les Apôtres, quoique ces mêmes textes aient un objet primitif & figuratif. Mais de ce que Jesus-Christ est l'objet d'un Pseaume, dans un sens qui est le principal & le plus intéressant, il ne suit pas delà qu'il n'y en ait point d'autre, lorsqu'il est visible par le contexte que l'ancien Israël en est l'objet dans le premier sens littéral immédiat.

Or, le contexte & les loix de l'harmonie exigent que nous mettions le Pseaume 39 dans la bouche de l'ancien Israël, cette Epouse souffrante, humiliée, abandonnée, pour ainsi dire, à la merci de ses ennemis, à cause des crimes dont ses enfants s'étoient rendus coupables. Le Tout-Puissant irrité ne vouloit plus d'autre victime qu'elle-même. *Sacrificium & oblationem noluisti.* L'Autel & le Temple sont détruits, ainsi que la Ville sainte : il faut l'entendre dans Jérémie. Mais elle se soumet à l'Arrêt prononcé contr'elle : *ecce venio ut faciam Deus voluntatem tuam.* Ceci nous rappelle un beau texte de Baruch : *emittit lumen & vadit & obedit illi cum tremore* (1). Cette mere défolée ; l'Eglife d'Ifraël, portoit dans fon fein la lumiere de la vérité. Elle feule avoit la connoiffance du vrai Dieu. Elle feule étoit la dépofitaire de fes oracles ; & fi le Tout-Puiffant la réduifit dans le pitoyable état dont elle fe plaint dans les Pfeaumes, il fe fervit en même temps de la captivité, de la difperfion d'Ifraël, pour éclairer les nations : *ideo difperfit vos inter gentes quæ ignorant eum, ut vos enarretis mirabilia ejus (emittit lumen & vadit,)* pour les difpofer à recevoir celui qui devoit être la lumiere du monde (*ego fum lux mundi.*) Celui que le Pere envoie, qui eft la fplendeur de fa gloire, la lumiere de fa lumiere, *emittit lumen & vadit*; celui qui, fous la forme d'un efclave, s'eft rendu obéiffant jufqu'à la mort de la Croix ; celui qui, dans le Jardin des olives, voulut éprouver toutes les frayeurs de la mort, & qui, après avoir dit, mon Pere, faites que ce ca-

Tob. 13.

____

(1) Ce dernier mot découvre l'énigme.

lice paſſe loin de moi (*cæpit pavere*) ajoute de ſuite , que votre volonté ſoit faite : *obedit illi cum tremore.*

Ce que Jeſus-Chriſt a ſouffert dans ſa chair, s'eſt renouvellé dans ſon corps myſti-que , & ceci nous conduit aux perſécutions qu'il a eſſuyées, (*ſaule quid me perſequeris*) & qu'il eſſuiera juſqu'à la fin des ſiecles *ſignum cui contradicetur.*

Qu'y a-t-il donc dans le Pſeaume 39 qui ne puiſſe s'appliquer dans un ſens très-vrai & très-beau , & très-digne de la fécondité , de la majeſté de nos ſaintes Ecritures , à l'Egliſe d'Iſraël ? Quoi ! cet Iſraël appellé dans Ozée le Fils de Dieu ſortant de l'Egypte , aura été la figure de Jeſus-Chriſt , de l'Enfant Jeſus ramené de l'Egypte (*ut adimpleretur quod dictum eſt, ex Egypto vocavi filium meum*) ; & l'on ne veut pas que ce même Iſraël gémiſſant dans le plus dur eſclavage , ait été la figure de Jeſus-Chriſt ſouffrant , humi-lié , perſécuté , ſoit dans ſon corps na-turel , ſoit dans ſon corps myſtique !

» Les ſavants Auteurs dont nous exami-

» nous le sentiment, conviennent qu'il y
» a sept Pseaumes qui regardent unique-
» ment le Messie, c'est-à-dire Jesus-
» Christ. Ces Pseaumes sont les 2, 8,
» 15, 21, 44, 109 & 131. Mais ces
» sept Pseaumes ne sont pas les seuls
» où les plus habiles Interpretes aient re-
» connu Jesus-Christ. C'est encore à lui
» que se rapportent les Pseaumes 23,
» 30, 39, 67, 68, 71, 96, 17, 34,
» 11, 56, 58, 66, 80, 81, 84,
» 85, 107, 108. Voilà donc au moins
» vingt-sept Pseaumes qui appartiennent
» *SPÉCIALEMENT* à Jesus-Christ. «
Page 330 & suivantes.

Spécialement à Jesus-Christ. Si l'on
entend par-là que Jesus-Christ est l'objet
principal de ces Pseaumes, & qu'ils se
rapportent finalement à lui ; nous sommes
d'accord, non-seulement sur les dix-neuf
cités, mais sur tous les autres. Si, par
spécialement à Jesus-Christ, on entend
exclure un premier sens applicable à
l'Eglise d'Israël, *au Christ entier* avant
l'incarnation, c'est-là précisément le point

qui nous divise. Les Auteurs des principes n'en mettent que sept dans cette
derniere classe, & l'Auteur de la Dissertation y en ajoute au moins dix-neuf. La question est de sçavoir, non pas si les Peres
& les plus habiles Interpretes y ont reconnu Jesus-Christ ; tout le monde l'y
reconnoît ; mais la question est de savoir
si les Peres & les Interpretes n'y ont pas
reconnu, en même temps, un objet primitif & immédiat. Les Auteurs des principes prétendent l'avoir trouvé cet objet
primitif & immédiat : ils ont prouvé leur
sentiment *d'après les Peres & les plus habiles Interpretes*, d'après l'Ecriture elle-
même.

Le pieux & savant Auteur auroit dû
nous prouver à son tour, que les
dix-neuf Pseaumes dont il s'agit ont un
sens unique, & qu'ils ne sont applicables dans aucun sens, ni à David, ni à
l'ancien Israël : établir son opinion,
comme les Auteurs des *principes* ont
établi leur sentiment par les Peres, les
Interpretes, le contexte & les loix de
l'harmonie.

l'harmonie, & pulvériser toutes leurs preuves ; alors nous ne risquerons rien de joindre ces dix-neuf Pseaumes aux sept qu'ils appellent les Pseaumes du Messie ; non pas qu'ils n'appartiennent point à l'Eglise, qui ne fait qu'un corps avec son Divin Chef, & dont la voix est celle de Jesus-Christ, comme la voix de Jesus-Christ est celle de l'Eglise : *sic clamat unus tanquam omnes, quia omnes in uno unus sunt*, dit Saint Augustin, & encore : *vox ipsius etiam nostra est ; & vos nostra ipsius est* : mais parce qu'ils ne sont point applicables à l'ancien Israël & que Jesus-Christ en est l'objet unique, nous disons toujours Jesus-Christ & son Eglise ; ce Christ entier, dont nous entendons la voix dans les Pseaumes, comme le dit si bien le même Auteur, dans sa Préface sur le Pseautier, art. 3, p. 29.

Rien de plus vrai, de plus beau, de mieux dit que ce troisieme article ; c'est un morceau délicieux. Comment, avec des idées si justes, si élevées, si dignes du sujet, distingue-t-il ensuite, dans sa

E

Pref. in ps. 69.

In ps. 62.

Differtation fur l'objet des Pfeaumes, la voix de Jefus-Chrift de la voix de l'Eglife, les Pfeaumes qui appartiennent à l'Eglife, d'avec ceux qui appartiennent à Jefus-Chrift ? Et d'un autre côté, comment les Pfeaumes, dans le premier fens littéral, feront-ils la voix de *l'Eglife*, de l'ancien Ifraël, fi, dans le premier fens littéral, ils font la voix de David qui fe plaint de fes ennemis, qui chante fes victoires, qui rend graces, &c. ? Venons à la derniere objection.

» Ces laborieux Auteûrs, ayant fixé » tous leurs regards fur la captivité de » Babylone, ne voient, dans le premier » fens des- Pfeaumes, qu'un feul objet, » qui eft Ifraël perfécuté par les Ifraëlites » apoftats & les Chaldéens idolâtres, & » délivré enfuite par Cyrus : & confé- » quemment, dans le fecond fens, ils ne » voient qu'un feul objet, qui eft l'E- » glife perfécutée par les Juifs incrédu- les, ou par les Juifs idolâtres, & déli- » vrée enfuite par Conftantin. « Pag. 385.

Il eft vrai que les Auteurs des *princi-*

pes ne voient dans le premier sens littéral des Pseaumes qu'un seul objet, qui est l'Eglise de l'ancien Israël ; comme ils ne voient, dans le second sens, qu'un seul objet, qui est l'Eglise du nouvel Israël ; & il le faut bien, puisque les Pseaumes sont la voix de l'Eglise, & qu'il n'y a pas deux Eglises : *una est Columba mea.* L'ancien & le nouvel Israël sont la même Epouse, considérée dans deux états différents, dont l'un a été la figure de l'autre.

Mais les Aueurs des *Principes* ne bornent pas le second objet des Pseaumes aux persécutions des premiers siecles ; comme ils ne bornent pas les triomphes de l'Eglise à sa délivrance, sous Constantin. *Nous regardons toujours, disent-ils, tom. 10, pag. 20, la captivité de Babylone comme le symbole prophétique des persécutions que l'Eglise Chrétienne a essuyées ; mais sur-tout celle qui lui a été suscitée d'abord par les Juifs & continuée par les Empereurs Payens.* Vous voyez qu'ils étendent le second fens à toutes les perfécutions que l'Eglife Chrétienne a effuyées, depuis fa naiffance, & conféquemment à celles quelle effuiera jufqu'à la fin des fiecles. Ce n'eft pas la premiere fois qu'on leur a fait dire ce à quoi ils n'ont jamais penfé.

Au furplus, il n'entroit pas dans leur plan de développer le fecond fens des Pfeaumes dans toute fon étendue; il leur a fuffi de l'indiquer. On trouve partout de fort belles applications des Pfeaumes dans ce fecond fens, fur lequel tout le monde eft d'accord; puifque tout le monde convient qu'ils font la voix de l'Eglife, quelqu'objet qu'on leur donne d'ailleurs, dans le fens primitif & immédiat. C'eft à celui-ci que les Auteurs des *Principes* fe font attachés; & le fruit de leurs études profondes a été de prouver jufqu'à l'évidence que l'Eglife d'Ifraël, & non le Saint Roi David, eft le véritable objet des Pfeaumes, dans le premier fens littéral.

La preuve en eft cette prodigieufe

variété d'opinions que l'on trouve chez les Interpretes, qui n'ont pas fixé *leurs regards* sur ce grand objet : opinions qui comparées les unes avec les autres, loin d'éclaircir la matiere, la rendent encore plus obscure ; en sorte qu'après avoir tout lu, on sait moins que jamais à quoi s'en tenir.

La preuve en est cette multitude d'interprétations forcées, de suppositions gratuites, de fautes imaginées dans le texte : & cela doit être ainsi, quand on veut, quoi qu'il en coûte, ajuster le Pseaume à un objet qui n'est pas le sien.

La preuve en est cette belle version du Pseautier, que les dignes Eleves du savant Abbé de Villefroi nous ont donnée, d'après son plan & ses *principes* puisés dans l'Ecriture, recueillis dans les Peres & les plus habiles Interpretes ; principes auxquels un Lecteur attentif, studieux, & amateur du vrai, s'attache d'abord *quasi lucernæ lucenti in caligi-noso* ... Principes adoptés par les Eleves de ce

2. Petr. c. 1, 8 1, 9.

grand homme, avec une érudition peu commune, dans un Ouvrage qui, joint à fes lettres, ne fauroit être trop répandu, trop médité, trop vanté : mais pour en juger, il faut le lire.

Nota. Les Savants qui voudroient honorer d'une Critique la piece que l'on vient de lire, font priés de le faire par une brochure annoncée dans les feuilles publiques. Une réponfe qui ne paroîtroit que dans les Journaux, feroit regardée comme non avenue.

F I N.

APPROBATION

De M. DE LA HOGUE, Censeur royal, Docteur de Sorbonne, & Chanoine de Saint-Honoré.

J'AI lu par ordre de *Monseigneur le Garde-des-Sceaux*, un Manuscrit intitulé *Lettre à un Jeune Curé*, avec l'examen critique d'une Dissertation sur l'objet des Pseaumes. Je n'y ai rien trouvé qui doive en empêcher l'impression. A Paris ce 10 Avril 1787. DE LA HOGUE, Censeur royal.

www.ingramcontent.com/pod-product-compliance
Lightning Source LLC
LaVergne TN

843507LV00001B/443